AF346334

ÉDITS,

DÉCLARATIONS, ARRÊTS

ET RÈGLEMENS,

CONCERNANT LE DROIT SUR LES CARTES,

Accordé par LE ROI, par forme de première dotation à l'Hôtel de l'ÉCOLE ROYALE MILITAIRE.

A PARIS,

DE L'IMPRIMERIE ROYALE.

M. DCCLXXIII.

EXTRAIT *de l'Édit de création de l'École royale Militaire.*

Donné à Verſailles au mois de Janvier 1751.

Regiſtré en Parlement.

ARTICLE XI.

POUR commencer à pourvoir, tant à la dépenſe de la conſ-truction & de l'ameublement dudit Hôtel, qu'à celle de la ſubſiſtance & de l'entretien des cinq cents jeunes Gentilshommes qui y ſeront admis; Nous avons accordé & nous accordons audit Hôtel, par forme de première dotation perpétuelle & irrévocable, le droit que nous avons rétabli par notre Déclara-tion du 16 février 1745, ſur les Cartes à jouer, fabriquées dans toute l'étendue de notre royaume, terres & ſeigneuries de notre obéiſſance, enſemble l'augmentation du droit ordonnée par notre Déclaration du 13 du préſent mois; en faiſant en tant que de beſoin, toute aliénation néceſſaire à ſon profit, tant dudit droit que de l'augmentation d'icelui, de façon qu'il ſera & demeurera totalement détaché de nos finances; à l'effet de quoi nous en avons attribué l'adminiſtration & la connoiſſance au Secrétaire d'État ayant le département de la guerre, ſans que néanmoins il puiſſe l'affermer; notre intention étant qu'il ſoit régi dans la plus grande & la plus exacte économie, au profit dudit Hôtel, & les deniers en provenans, remis au Tréſorier d'icelui, pour être employés au fait de ſa charge : Et au moyen de ladite dotation & de la réſolution que nous avons priſe de ne rien négliger d'ailleurs pour ſoutenir un établiſſement auſſi utile pour notre État, nous voulons qu'il ne puiſſe être reçu ni accepté pour icelui, aucunes fondations, dons, gratifications, qui pourroient lui être faites par quelques perſonnes & pour quelque cauſe que ce ſoit; comme auſſi qu'il ne puiſſe être fait pour icelui, aucune acquiſition d'héritages ni autres biens-

A ij

immeubles quelconques, finon les héritages qui fe trouveront aux environs & qui y feront contigus, lefquels pourroient être jugés néceffaires pour la plus grande commodité, utilité & embelliffement d'icelui.

DÉCLARATION DU ROI,

Portant augmentation du Droit rétabli par celle du 16 février 1745, fur les Cartes à jouer, pour le produit en être appliqué à l'hôtel de l'École royale Militaire.

Donnée à Verfailles le 13 Janvier 1751.

Regiftrée en Parlement.

LOUIS, PAR LA GRÂCE DE DIEU, ROI DE FRANCE ET DE NAVARRE: A tous ceux qui ces préfentes verront; SALUT. Le droit que nous avons rétabli fur les Cartes à jouer, par notre Déclaration du 16 février 1745, ne pouvant être onéreux à nos fujets, Nous avons réfolu de l'augmenter en faveur de la deftination que nous en avons faite, pour fubvenir aux frais de l'établiffement & de l'entretien d'une École royale Militaire que nous avons fondée par notre Édit du préfent mois. A CES CAUSES & autres à ce nous mouvant; de notre certaine fcience, pleine puiffance & autorité royale, Nous avons, par ces préfentes fignées de notre main, dit, déclaré & ordonné; difons, déclarons & ordonnons, voulons & nous plaît: Qu'à compter du jour de la publication de la préfente Déclaration, le droit rétabli fur les Cartes à jouer, par notre Déclaration du 16 février 1745, foit levé & perçu dans toute l'étendue de notre royaume, pays, terres & feigneuries de notre obéiffance, fur le pied d'un Denier par chaque Carte dont feront compofés les différens jeux, qui font ou pourront être dans la fuite en ufage, pour le produit en être appliqué dudit jour à l'établiffement & à l'entretien de l'École royale Militaire, fuivant, & aux termes de notre Édit du préfent mois, portant fondation d'icelle : Et feront au furplus les difpofitions de notre-dite Déclaration du 16 février 1745, exécutées felon leur forme & teneur, en ce qui n'eft point contraire à la préfente Déclaration. Si DONNONS EN MANDEMENT à nos amés & féaux Confeillers les Gens tenant notre Cour de Parlement, Chambre de nos Comptes & Cour des Aides à Paris, que ces préfentes ils aient à faire lire, publier & regiftrer ; & le contenu en icelles faire garder & exécuter felon leur forme & teneur : CAR TEL EST NOTRE PLAISIR ; en témoin de quoi nous avons fait mettre notre fcel à cefdites préfentes. DONNÉ à Verfailles le treizième jour du mois de janvier, l'an de grâce mil fept cent cinquante-un, & de notre règne le trente-fixième. *Signé* LOUIS. *Et plus bas,* Par le Roi. *Signé* M. P. DE VOYER D'ARGENSON. Vu au Confeil, MACHAULT. Et fcellé du grand fceau de cire jaune.

Regiftrée, oüi & ce requérant le Procureur général du Roi, pour être exécutée felon fa forme & teneur ; & copies collationnées envoyées dans les Bailliages & Sénéchauffées du reffort, pour y être lûe, publiée & regiftrée : Enjoint aux Subftituts du Procureur général du Roi d'y tenir la main, & d'en certifier la Cour dans le mois, fuivant l'arrêt de ce jour. A Paris, en Parlement, le vingt-deux janvier mil fept cent cinquante-un. Signé YSABEAU.

A R R E S T

DU CONSEIL D'ÉTAT DU ROI,

Portant Règlement pour la perception du Droit fur les Cartes.

Du 9 Novembre 1751.

Extrait des Regiftres du Confeil d'État.

LE ROI ayant fixé, par fa Déclaration du 13 janvier dernier, le droit rétabli fur les Cartes à jouer, par celle du 16 février 1745, à un Denier par chaque Carte dont feront compofés les jeux, qui font ou pourront être dans la fuite en ufage, pour, le produit, en être appliqué à l'établiffement & à l'entretien de l'École royale Militaire: Et Sa Majesté étant informée que les précautions prises par les anciens règlemens ne suffisent pas pour arrêter les fraudes qui se commettent, Sa Majesté a jugé nécessaire de rendre un nouveau règlement qui, en rappelant & expliquant les dispositions des anciens, en contiendra de nouvelles, pour procurer un recouvrement plus facile, & assurer davantage la perception du droit. A quoi desirant pourvoir: Ouï le rapport, SA MAJESTÉ ÉTANT EN SON CONSEIL, a ordonné & ordonne ce qui suit:

ARTICLE PREMIER.

Obligation aux Cartiers, de n'employer d'autre papier que celui à la marque de la régie, pour les figures & les points.

A compter du jour de la publication du présent arrêt, il sera fourni aux Cartiers, par le Régisseur du droit sur les Cartes, du papier propre à l'impression des cartes à figures & à point, sans qu'ils puissent en employer d'autre à cet usage; à peine contre les contrevenans, de trois mille livres d'amende, applicable un tiers au dénonciateur, le surplus à l'École royale Militaire, de confiscation des cartes, cartons & impressions, & d'être déchus pour toujours de la maîtrise, & du droit de fabriquer des cartes.

II.

Défense de contrefaire la marque du papier du Régisseur, à peine de faux.

POURRA le Régisseur faire entrer dans la composition dudit papier, telles marques ou tels filigranes que bon lui semblera: Permet Sa Majesté aux Fabricans de papier qu'il commettra, de les employer, & de donner au papier qu'il fera faire pour l'impression des cartes, les dimensions & le poids qui leur seront ordonnés, nonobstant l'arrêt du Conseil du 18 septembre 1741. Enjoint Sa Majesté à tous autres Fabricans de se conformer audit arrêt, & leur défend de contrefaire ledit papier, à peine d'être poursuivis extraordinairement, & punis comme pour crime de faux.

III.

Droit payé comptant lors de la livraison du papier, à raison d'un Denier par Carte, outre le prix marchand,

LE droit d'un Denier par chaque Carte, sera levé & perçu par le Régisseur sur ledit papier, à proportion de ce que chaque feuille contiendra de cartes, & ce indépendamment du prix marchand dudit papier; lesquels droits & prix marchand seront payés comptant par les Cartiers, lors des livraisons qui leur en seront faites, à la déduction du droit de dix feuilles au-deſſus de chacun cent, dont il leur fera fait remiſe pour leur tenir lieu de tous déchets; & dans le cas où le Régiſſeur leur auroit fait des crédits, il pourra procéder contr'eux par voie de contrainte, conformément aux règlemens rendus ſur le fait des Aides.

à la déduction du onzième pour les déchets; les redevables pour-ſuivis par voie de contrainte.

I V.

DISPENSE Sa Majeſté pour l'avenir les Cartiers, de porter au Bureau de la régie, le papier-cartier ſervant au-deſſus de la carte, pour y être timbré.

Diſpenſe de faire timbrer le papier-cartier.

V.

LES Cartiers continueront de porter au bureau du Régiſſeur, le papier deſtiné au moulage des figures, pour être imprimé ſur ſes moules: leur fait Sa Majeſté défenſes, & à tous Ouvriers, Marchands & autres, de vendre, débiter ni fabriquer aucunes cartes à jouer, ſi les figures n'en ſont imprimées ſur leſdits moules, à peine de confiſcation des cartes, outils & uſtenſiles ſervant à la fabrication, de trois mille livres d'amende, appli-cable comme deſſus, & d'interdiction de leurs maîtriſe & com-merce: leur enjoint Sa Majeſté, ſous les mêmes peines, de remettre au bureau du Régiſſeur, leurs moules pour les cartes à portraits étrangers, & leur défend d'imprimer leſdites cartes ailleurs qu'au bureau de la régie.

Obligation de faire les mou-lages aux Bu-reaux de la ré-gie; & injonc-tion de remettre auxdits Bureaux les moules à por-traits étrangers.

V I.

FAIT Sa Majeſté défenſes à tous particuliers, de travailler dans quelques lieux & maiſons que ce ſoit, à recouper des cartes, à peine de confiſcation des cartes, outils & uſtenſiles, & de mille livres d'amende, applicable comme deſſus, pour la première fois; & en cas de récidive, de trois mille livres d'amende & du carcan.

Défenſe de recouper des cartes.

V I I.

FAIT pareillement défenſes Sa Majeſté, aux Cartiers, débi-tans de cartes, & généralement à tous autres, de vendre, débiter & colporter des cartes réaſſorties, recoupées ou fabriquées en fraude, à peine de mille livres d'amende: Permet en outre Sa Majeſté aux commis du Régiſſeur, d'arrêter & d'empriſonner ceux & celles qui ſeront ſurpris colportant leſdites cartes.

Défenſe de vendre ni colpor-ter des cartes réaſſorties ou recoupées.

V I I I.

FAIT Sa Majefté défenfes à toutes perfonnes, de quelqu'état & condition qu'elles foient, de tenir dans leurs châteaux, hôtels, couvens, communautés & maifons, aucun moule propre à imprimer des cartes à jouer; d'y retirer ni fouffrir travailler à la fabrique & recoupe des cartes & tarots, aucuns Maîtres cartiers, Ouvriers, Compagnons, Apprentifs ou autres, à peine de défo-béiffance, & de pareille amende de trois mille livres, applicable comme deffus.

I X.

NE pourront les Cartiers, Ouvriers & autres, travailler à la fabrication des cartes ailleurs que dans les villes dénommées en l'état annexé au préfent arrêt, nonobftant tous ftatuts, règle-mens, loix & ufages à ce contraires: Fait en conféquence Sa Majefté défenfes aux Cartiers qui font établis dans les autres villes, de continuer leur commerce, après avoir employé les moulages qu'ils fe trouveront avoir en leur poffeffion lors des inventaires qui feront faits chez eux après la publication du préfent arrêt; à peine contre ceux qui contreviendront à la préfente difpofition, de confifcation des cartes, outils & uften-files, & de trois mille livres d'amende, applicable comme deffus: Veut Sa Majefté que les Cartiers actuellement établis dans les villes & lieux où la fabrication des cartes eft prohibée par le préfent arrêt, puiffent s'établir dans les villes où elle eft permife, autres toutefois que celles où il y a maîtrife & jurande, en faifant au bureau de la régie les déclarations ci-après ordonnées.

X.

LES Cartiers feront tenus dans le délai d'un mois, de fe faire infcrire au bureau de la régie, & d'y faire déclaration du nombre de Compagnons, Ouvriers & Apprentifs qui tra-vailleront chez eux à la fabrique & apprêt des cartes & tarots, defquels Compagnons, Apprentifs & Ouvriers, ils donneront les nom, furnom, âge, demeure & pays; & ne pourront en renvoyer un ou plufieurs, ni en recevoir de nouveaux fans faire une pareille déclaration, à peine de cinq cents livres d'amende, applicable comme deffus.

X I.

NE pourront les Cartiers travailler à l'apprêt & fabrication des cartes ailleurs que dans les maiſons & lieux par eux occupés, ſoit à titre de propriété, ſoit à titre de bail : Leur défend Sa Majeſté d'avoir des atteliers ſecrets & inconnus au Régiſſeur, ſous les peines portées par l'article V ; & les propriétaires ou principaux locataires où leſdits atteliers ſecrets & cachés auront été découverts, ſeront condamnés perſonnellement à pareille amende de trois mille livres, applicable comme deſſus, ſans que cette peine puiſſe être réputée comminatoire en aucun cas. Et pour prévenir toute difficulté ſur l'exécution du préſent article, ſeront tenus leſdits Cartiers d'inſérer dans la déclaration ordonnée par l'article précédent, le nombre d'atteliers qu'ils auront dans les lieux par eux occupés ; & ne pourront, ſous les mêmes peines, aucuns propriétaires ni principaux locataires de maiſons, louer, ſous-louer ni prêter leurs maiſons, en tout ou partie, à aucun Cartier ou Fabricant de cartes, ſans en faire leur déclaration au bureau de la régie ; laquelle déclaration ſera inſcrite & par eux ſignée ſur un regiſtre qui ſera tenu à cet effet.

Défenſe aux Cartiers de fabriquer ailleurs qu'en leurs maiſons & domiciles déclarés.

X I I.

FAIT Sa Majeſté défenſes à toutes perſonnes, de quelque qualité & condition qu'elles ſoient, autres que les Maîtres cartiers, même aux Maîtres & Marchands des corps & communautés, qui prétendent avoir le droit de débiter des cartes, de vendre & colporter aucunes cartes à jouer, même dans les lieux où il n'y aura pas de Maîtres cartiers, ſans une permiſſion par écrit du Régiſſeur, lequel pourra refuſer ou révoquer ladite permiſſion lorſqu'il le jugera à propos ; & ce, nonobſtant tous priviléges, ſtatuts, lettres & uſages à ce contraires ; le tout à peine de confiſcation des cartes, & de mille livres d'amende, applicable comme deſſus. Pourra le Régiſſeur établir pour débitans, telles perſonnes qu'il jugera à propos, même dans les villes où la fabrication des cartes eſt permiſe, quoiqu'il y ait maîtriſe & jurande.

Défenſes à toutes perſonnes, autres que les Maîtres cartiers, de vendre des cartes ſans permiſſion du Régiſſeur.

X I I I.

LES Cartiers ſeront tenus de mettre dans leurs enveloppes, les jeux & ſixains à meſure qu'ils les aſſortiront : Veut Sa Majeſté

Enveloppes des jeux & ſixains, collées.

que lesdits jeux & sixains soient collés par les commis de la régie, chez les Cartiers, avec une bande, sur laquelle sera empreinte la marque du Régisseur: Leur fait Sa Majesté défenses d'avoir chez eux des jeux assortis, qu'ils ne soient dans les enveloppes, sans qu'ils puissent en vendre aucun jeu avant que l'enveloppe ait été collée avec la bande de contrôle de la régie; à peine de confiscation des cartes, & de mille livres d'amende.

X I V.

LES Cartiers, tant dans la ville de Paris que dans les autres villes où la fabrication des cartes est permise, se conformeront aux statuts de leur communauté: Veut en conséquence Sa Majesté, que les enveloppes dont ils se serviront, portent leurs nom, demeure, enseigne & bluteaux.

X V.

NE pourront les commis du Régisseur, apposer la bande de contrôle qu'au-dessous des jeux & sixains.

X V I.

ENJOINT Sa Majesté à toutes personnes qui, après la publication du présent arrêt, se trouveront avoir des cartes, de les porter ou envoyer au bureau le plus prochain, dans le délai de trois mois, pour y recevoir *gratis*, la bande de contrôle du Régisseur; à peine contre ceux chez qui il en seroit trouvé après ledit temps, de confiscation & de cinq cents livres d'amende: N'entend néanmoins Sa Majesté, que le Régisseur soit tenu d'apposer la bande de contrôle sur les jeux & sixains qui ne se trouveroient point dans l'enveloppe du Régisseur, ou cachetés de son cachet.

X V I I.

ENJOINT Sa Majesté à toutes personnes tenant académie, cafés, cabarets, tabagies, jeux de paume, de billard ou de boule, aux Épiciers, Chandeliers, Grenetiers, Merciers, Regratiers, ensemble à tous ceux qui font usage de vieilles cartes, de souffrir les visites & exercices des commis du Régisseur; à peine, en cas de refus, de cinq cents livres d'amende. Leur défend Sa Majesté, & à toutes autres personnes, de quelqu'état & condition qu'elles soient, d'acheter, vendre, tenir dans leurs maisons, ou souffrir qu'il y soit présenté aux joueurs aucuns jeux de cartes qui n'auroient pas été fabriqués avec le papier de la régie, & qui ne porteroient pas la bande de contrôle du Régiffeur, à peine de mille livres d'amende applicable comme deffus.

X V I I I.

DÉFEND Sa Majefté l'entrée & le commerce des cartes fabriquées dans les pays étrangers & dans les principautés qui font enclavées dans le royaume, à peine de trois mille livres d'amende. Enjoint Sa Majefté à tous Commis & Gardes, même aux cavaliers de Maréchauffées, d'emprifonner ceux qui en introduiront: Défend Sa Majefté l'ufage defdites cartes à tous fes fujets, à peine contre ceux qui s'en trouveront faifis, de confifcation & de mille livres d'amende.

X I X.

FAIT Sa Majefté défenfes à tous Voituriers, tant par eau que par terre, de fe charger ni de tranfporter des cartes en caiffes, ballots ou autrement, fans un congé du Régiffeur ou de fes prépofés, qui pourront être préfens aux chargemens & déchargemens des voitures; à peine de confifcation des cartes, chevaux & voitures, & de cinq cents livres d'amende, applicable comme deffus: Et feront tenus ceux pour qui les cartes feront deftinées d'en faire déclaration à l'inftant de l'arrivée, au bureau de la régie, & d'y remettre le congé.

X X.

PERMET Sa Majefté aux commis & prépofés du Régiffeur, de faire, pour la confervation du droit fur les cartes, des vifites & recherches dans les châteaux, hôtels, couvens, communautés & tous lieux privilégiés, & chez toutes fortes de perfonnes, de quelque qualité & condition qu'elles puiffent être, en prenant une ordonnance, ou en fe faifant affifter d'un Juge: Enjoint Sa Majefté au premier Juge fur ce requis, d'autorifer lefdites vifites, même d'accompagner lefdits commis & prépofés; & à toutes perfonnes de les fouffrir, à peine de cinq cents livres d'amende. N'entend néanmoins Sa Majefté, que les commis du Régiffeur, foient tenus de prendre la permiffion, ou de fe faire affifter d'un Juge dans les vifites qu'ils feront chez les Cartiers ou Débitans, & dans celles qui font autorifées par l'article XVII du préfent arrêt. Déclare auffi Sa Majefté fujets aux vifites des Commis, les Maîtres cartiers, Compagnons, Apprentifs & Ouvriers cartiers qui fe retireront dans les villes & lieux où la fabrication eft prohibée, ou qui déclareront abandonner leur profeffion.

X X I.

Défenfes aux Cartiers de con-fondre dans leurs boutiques, les différentes natures de jeux & de papiers.

POUR faciliter les exercices & les vérifications des Commis de la régie, les Cartiers feront tenus de féparer dans leurs magafins & boutiques, les différentes natures de jeux & les différentes natures de papier: Leur fait Sa Majefté défenfes d'y confondre le papier qui leur fera fourni par le Régiffeur avec celui qui forme le deffus de la carte, ni l'un & l'autre avec l'étreffe ou main brune.

X X.I I.

Défenfes aux Graveurs & à tous autres, de graver aucuns moules ni mar-ques du Régif-feur, fans fa permiffion par écrit.

FAIT Sa Majefté défenfes à tous Graveurs, tant en cuivre qu'en bois, & à tous autres, de graver aucun moule ou aucune planche propre à imprimer des cartes, fans la permiffion par écrit du Régiffeur; comme auffi de contrefaire fes filigranes, timbres, cachets & autres marques; à peine pour la première fois, du carcan & de trois mille livres d'amende, applicable comme deffus; & en cas de récidive, de pareille amende & des galères pour neuf ans.

X X I I I.

Les contreve-nans feront con-traints par corps au payement des amendes.

CEUX qui auront été condamnés à des amendes pour rébellion, fraude & contravention, feront contraints par corps au payement d'icelles.

X X I V.

Faculté au Régiffeur, de procéder par la voie d'informa-tion, tant contre les contrevenans, que contre ceux qui les auront favorifés.

PERMET Sa Majefté au Régiffeur, de faire informer contre ceux qui contreferont les moules, formes & autres marques de la régie, qui fe ferviroient de ceux qui auront été contre-faits, & même contre ceux qui en auroient favorifé la contre-faction & l'ufage, pour les faire condamner aux peines portées par le préfent arrêt.

X X V.

Les commis du Régiffeur, jouiront des mêmes priviléges

VEUT Sa Majefté que les Employés de la régie du droit fur les cartes, jouiffent des priviléges & exemptions dont jouiffent les Commis des fermes. Seront au furplus l'Édit du mois d'octobre 1701 , les Déclarations des 17 mars 1703 & 21 octobre 1746, & autres règlemens concernant le droit sur les cartes, exécutés en ce qui ne sera point contraire aux dispositions du présent arrêt. Enjoint Sa Majesté au sieur Lieutenant général de Police à Paris, & aux sieurs Intendans dans les provinces, de tenir la main à l'exécution du présent arrêt, qui sera lû, publié & affiché par-tout où besoin sera, & exécuté nonobstant oppositions ou autres empêchemens, dont si aucuns interviennent, Sa Majesté se réserve la connoissance & à son Conseil, & icelle interdit à toutes ses Cours & autres Juges. FAIT au Conseil d'État du Roi, Sa Majesté y etant, tenu à Fontainebleau le neuf novembre mil sept cent cinquante-un. *Signé* M. P. DE VOYER D'ARGENSON.

& exemptions dont jouissent les Commis des fermes du Roi.

LOUIS, PAR LA GRÂCE DE DIEU, ROI DE FRANCE ET DE NAVARRE, Dauphin de Viennois, Comte de Valentinois & Diois, Provence, Forcalquier & terres adjacentes: A notre amé & féal Conseiller en notre Conseil d'État le sieur Lieutenant général de Police de notre bonne ville, prevôté & vicomté de Paris; & aussi à nos amés & féaux Conseillers en nos Conseils les sieurs Intendans & Commissaires départis pour l'exécution de nos ordres dans les provinces & généralités de notre royaume; SALUT. Nous voulons & vous mandons, par ces présentes signées de notre main, que, conformément à l'arrêt ci-attaché sous le contre-scel de notre Chancellerie, cejourd'hui rendu en notre Conseil d'État, nous y étant, vous ayez à vous employer & tenir la main à l'exécution dudit arrêt, suivant sa forme & teneur. Commandons à notre Huissier ou Sergent premier requis, de faire, pour l'exécution dudit arrêt & de ce que vous ordonnerez en conséquence, tous exploits, significations, & autres actes requis & nécessaires, nonobstant clameur de haro, charte normande & autres choses à ce contraires, sans pour ce demander autre congé ni permission : CAR TEL EST NOTRE PLAISIR. Donné à Fontainebleau le neuvième jour de novembre, l'an de grâce mil sept cent cinquante-un , & de notre règne le trente-septième. *Signé* LOUIS. *Et plus bas* , Par le Roi, Dauphin, Comte de Provence.

Signé M. P. DE VOYER D'ARGENSON. Et scellé du grand sceau de cire jaune.

LETTRES PATENTES DU ROI,

Portant que l'Édit de création de l'École Militaire, du mois de janvier 1751 & la Déclaration du 13 du même mois, seront exécutés dans la principauté de Dombes.

Données à Versailles le 6 Septembre 1772.

Regiſtrées en Parlement les 18 Septembre & 4 Décembre audit an.

LOUIS, PAR LA GRÂCE DE DIEU, ROI DE FRANCE ET DE NAVARRE: A tous ceux qui ces préſentes Lettres verront; SALUT. Par notre Édit du mois de janvier 1751, nous avons créé & établi une École Militaire pour l'éducation dans l'art de la guerre de cinq cents Gentilshommes de notre royaume; pour commencer à pourvoir aux frais & à l'entretien de cette inſtitution, nous avons par le même Édit, aliéné en ſa faveur le droit ſur les Cartes à jouer, & nous l'avons fixé par notre Déclaration du 13 du même mois, à un denier par carte. La principauté de Dombes étant poſſédée alors par notre Couſin le feu Prince de Dombes, le droit ſur les cartes n'y a pas été perçu, & la Nobleſſe qui y demeure n'a pas dû jouir du ſecours que nous avons préparé dans notre École Militaire à celle de nos propres États; mais cette Principauté ayant été réunie depuis à Nous & à notre Couronne, il nous a paru juſte de faire participer les enfans de la Nobleſſe indigente qui y réſide, à l'éducation gratuite que nous faiſons donner dans notre Collége de la Flèche & dans notre École Militaire aux enfans de la Nobleſſe de nos autres provinces, ſous la condition que la Dombes contribuera, comme les autres pays ſoumis à notre domination, au produit du droit ſur les cartes à jouer. A CES CAUSES & autres à ce nous mouvant; de l'avis de notre Conſeil, & de notre certaine ſcience, pleine puiffance & autorité royale, Nous avons dit, ftatué & ordonné; difons, ftatuons & ordonnons, voulons & nous plaît : Qu'à compter du jour de la publication des préfentes, l'Édit de création de notre École Militaire, du mois de janvier 1751, & notre Déclaration du 13 du même mois, feront exécutés dans la principauté de Dombes comme ils le font dans les autres provinces de notre royaume, terres & pays de notre domination; en conféquence, que le droit fur les cartes à jouer rétabli par notre Déclaration du 13 février 1745, & porté à un denier par carte par celle du 13 janvier 1751, fera levé & perçu dans notre principauté de Dombes comme il l'eft dans les autres provinces de notre royaume, & que l'adminif-tration & la perception en feront règlées fur le même pied, pour le produit en être appliqué à notre École Militaire; à l'effet de quoi les enfans de la Nobleffe indigente de notredite province y feront reçus concurremment avec ceux de la No-bleffe de nos autres provinces. Si DONNONS EN MANDEMENT à nos amés & féaux Confeillers les Gens tenant notre Cour de Parlement à Paris, que ces préfentes ils aient à faire lire, publier & regiftrer, même en temps de vacations, & le contenu en icelles garder, obferver & exécuter de point en point, felon leur forme & teneur: CAR TEL EST NOTRE PLAISIR; en témoin de quoi nous avons fait mettre notre fcel à cefdites préfentes. DONNÉ à Verfailles le fixième jour du mois de feptembre, l'an de grâce mil fept cent foixante - douze, & de notre règne le cinquante-huitième. *Signé* LOUIS. *Et plus bas,* Par le Roi. *Signé* BERTIN. Et fcellé du grand fceau de cire jaune.

Regiftrées, oüi, ce requérant le Procureur général du Roi, pour être exécutées felon leur forme & teneur: Et fera le Seigneur Roi très-humblement fupplié d'ordonner que le nombre des Élèves de fon École Militaire fera augmenté à proportion des nouveaux revenus qu'il veut bien accorder à ladite École par les préfentes Lettres patentes; & copie collationnée d'icelles envoyée au Confeil fupérieur de Lyon, pour y être lûes, publiées & enregiftrées, conformé-ment à l'Édit du mois de février 1771, & à la charge de réitérer le préfent enregiftrement au lendemain de la Saint-Martin, fuivant l'arrêt de ce jour. A Paris, en Parlement en Vacations, le dix - huit feptembre mil fept cent foixante-douze. Signé *VANDIVE.*

Regiftrées, oüi, ce requérant le Procureur général du Roi, pour être exécutées felon leur forme & teneur; & copie collationnée d'icelles envoyée au Conseil supérieur de Lyon, pour y être lûes, publiées & regiftrées, conformément à l'Édit du mois de février 1771, fuivant l'arrêt de ce jour. A Paris, en Parlement, le quatre décembre mil fept cent foixante-douze. Signé LE JAY.

A R R E S T

DU CONSEIL D'ÉTAT DU ROI,

Concernant la forme de l'établiffement & de la perception, dans la principauté de Dombes, du Droit y établi fur les Cartes à jouer, au profit de l'École royale Militaire, par les Lettres patentes du 6 feptembre 1772.

Du 20 Février 1773.

Extrait des Regiftres du Confeil d'État.

LE ROI ayant ordonné, par fes Lettres patentes du 6 feptembre 1772, qu'à compter du jour de leur publication, le droit impofé fur les Cartes à jouer dans tout le royaume, & fixé à un Denier par Carte par la Déclaration du 13 janvier 1751, feroit levé & perçu dans toute l'étendue de la principauté de Dombes, où jufqu'à préfent la perception n'en avoit pas été établie, pour être le produit de ce droit appliqué à l'entretien de fon École Militaire, fuivant & aux termes de l'Édit du mois de janvier 1751, portant création de cet établiffement; Sa Majefté a jugé à propos d'expliquer fes intentions fur la forme de la perception dans la principauté de Dombes, à l'effet de quoi, s'étant fait repréfenter les règlemens & arrêts de fon Confeil, concernant ledit droit, & notamment la Déclaration du 13 janvier 1751, l'arrêt du 23 dudit mois, qui ordonne les inventaires; celui du même jour, portant attribution de la connoiffance des conteftations relatives au droit fur les Cartes; ceux des 30 avril & 9 novembre 1751, des 15 octobre 1757, 26 feptembre 1759, 13 mars 1761, 4 mars & 28 juillet 1769, & 21 décembre 1771. Ouï le rapport; SA MAJESTÉ ÉTANT EN SON CONSEIL, a ordonné & ordonne ce qui fuit:

ARTICLE PREMIER.

LE droit fur les Cartes à jouer, fera levé & perçu dans l'étendue de la principauté de Dombes, conformément aux Lettres patentes du 6 feptembre 1772, par Nicolas Follet, Régiffeur actuel, pour & au profit de l'École royale Militaire, & par ceux qui pourroient lui être fubftitués à l'avenir.

I I.

POUR parvenir à l'établiffement du droit dans ladite principauté, il fera, à la diligence dudit Nicolas Follet, auffitôt après la publication defdites Lettres patentes, dreffé des procès-verbaux & inventaires des Cartes à jouer qui fe trouveront fabriquées chez les maîtres Cartiers, Ouvriers & tous autres fabricans, pour être la bande de contrôle du Régiffeur, appofée fur les jeux & fixains, & le droit d'un Denier par Carte perçu fur iceux.

I I I.

IL fera pareillement fait, à la même époque & par les pré-pofés du Régiffeur, des procès-verbaux d'inventaires des matières qui fe trouveront chez les Fabricans, & qui auront lors reçu quelques degrés de préparation, au moyen defquels elles ne pourroient plus être employées qu'à la fabrication des Cartes à jouer; lefquelles matières feront confommées dans une époque qui fera convenue & arrêtée relativement à leur quantité, & fixée, en cas de conteftation, par le Commiffaire départi pour l'exécution des ordres de Sa Majefté dans la principauté de Dombes: les jeux qui en proviendront feront revêtus de la bande de contrôle du Régiffeur, au fur & à mefure qu'ils feront achevés, & le droit perçu fur iceux. Et paffé ladite époque, les Fabricans ne pourront plus employer pour le devant de la Carte, que le papier filigrané qui leur fera fourni par le Régiffeur, conformément à l'article I.er de l'arrêt du 9 novembre 1751, & fous les peines y portées.

I V.

ENJOINT Sa Majefté à toutes perfonnes habitant la principauté de Dombes, qui, après la publication du préfent arrêt, fe trouveront avoir des Cartes neuves, fabriquées dans ladite

Principauté, de les porter ou envoyer au bureau de Trévoux, dans le délai d'un mois, pour y recevoir *gratis* la bande de contrôle du Régisseur, sous les peines portées en l'article XVI de l'arrêt du 9 novembre 1751, contre ceux chez lesquels il seroit trouvé des Cartes non revêtues de ladite bande de contrôle après ledit temps. N'entend néanmoins Sa Majesté que le Régisseur soit tenu d'apposer les bandes de contrôle sur les jeux & sixains composés de Cartes qui auroient été fabriquées hors du royaume, ou qui seroient contrefaites & imitées, ou ployées dans des enveloppes contrefaites & imitées sur celles des Cartiers du royaume, ou enfin sur des jeux & sixains qui seroient revêtus de fausses bandes; toutes lesquelles Cartes demeurent prohibées dès-à-présent, & seront ceux chez lesquels il en seroit trouvé après ledit délai d'un mois, condamnés aux peines portées par l'article XVIII dudit arrêt du 9 novembre 1751.

V.

CONFORMÉMENT à l'article V dudit arrêt, tous les moules propres à imprimer les figures de têtes, appartenans aux Fabricans, seront transportés & déposés au bureau du Régisseur, où les impressions & moulages se feront à l'avenir sur les moules que le Régisseur fournira, sans que les Cartiers & Ouvriers puissent se servir d'aucuns autres moules, sous les peines portées à l'article ci-dessus cité.

V I.

LES règlemens & arrêts rendus sur le fait du droit sur les Cartes, & qui sont exécutés dans le royaume, le seront également pour la perception ordonnée être faite dans la principauté de Dombes; à l'effet de quoi Sa Majesté enjoint au sieur Commissaire départi pour l'exécution de ses ordres dans ladite Principauté, de les y faire publier & afficher par-tout où besoin sera.

V I I.

LES contestations qui s'élèveront & les contraventions qui pourront être commises, tant dans la fabrication & débit des Cartes, que dans la perception du droit, seront instruites & jugées sommairement & en première instance, par ledit sieur

Commiſſaire départi dans la principauté de Dombes, ſauf l'appel en la Commiſſion du Conſeil, établie par l'arrêt du 15 octobre 1757; Sa Majeſté attribuant audit ſieur Commiſſaire départi, toute cour & juridiction à cet effet, & icelle interdiſant à toutes ſes Cours & autres Juges; leur défend Sa Majeſté d'en connoître, & à toutes parties de ſe pourvoir ailleurs que par-devant ledit ſieur Commiſſaire départi, à peine de nullité, caſſation de procédures, & de tous dépens, dommages & intérêts.

V I I I.

NE pourront les Cartiers, Ouvriers & autres, travailler à la fabrication & apprêt des Cartes, dans l'étendue de ladite principauté de Dombes, ailleurs que dans la ville de Trévoux.

I X.

LE prix marchand du papier filigrané que le Régiſſeur fournit aux Fabricans, conformément aux articles I, II & III de l'arrêt du Conſeil du 9 novembre 1751, ſera payé par les Cartiers établis ou qui s'établiront dans ladite ville de Trévoux, à raiſon de Quatre livres dix ſous par rame de cinq cents feuilles, indépendamment du droit d'un Denier par Carte, qui ſera perçu ſur celles que contiendra ledit papier, conformément à l'article III ci-deſſus cité. Enjoint Sa Majeſté au ſieur Commiſſaire départi dans la principauté de Dombes, de tenir la main à l'exécution du préſent arrêt, qui ſera lû, publié & affiché par-tout où beſoin ſera, & exécuté nonobſtant oppoſition ou empêchemens quelconques, dont, ſi aucuns interviennent, Sa Majeſté ſe réſerve la connoiſſance à ſoi & à ſon Conſeil, & icelle interdit à toutes ſes Cours & autres Juges. FAIT au Conſeil d'État du Roi, Sa Majeſté y étant, tenu à Verſailles le vingt février mil ſept cent ſoixante-treize.

Signé MONTEYNARD.

LOUIS, PAR LA GRÂCE DE DIEU, ROI DE FRANCE ET DE NAVARRE: A notre amé & féal Conſeiller en nos Conſeils, Intendant & Commiſſaire départi pour l'exécution de nos ordres en la principauté de Dombes; SALUT. Par arrêt cejourd'hui rendu en notre Conſeil d'État, nous y étant,

www.ingramcontent.com/pod-product-compliance
Lightning Source LLC
LaVergne TN
LVHW050229180726
843501LV00013BA/3377